Apocalypse nucléaire

Comédie dramatique

Personnages :

<u>famille-1</u> (couple de commerçants restaurateurs)
Jean : mari de Pierrette – au début de la pièce, il a 65 ans – puis 35 ans
Pierrette : femme de Jean - au début de la pièce, elle a 60 ans – puis 30 ans

<u>famille-2</u>

Patrick : mari de Lucie – au début de la pièce, il a 50 ans – puis 20 ans (- Présentateur télé)
Lucie : femme de Patrick - au début de la pièce, elle a 55 ans – puis 25 ans (- actrice)
Ils se sont mariés plus tard que les autres.

<u>famille-3</u>

Marc: mari de Sarah – au début de la pièce, il a 60 ans – puis 30 ans (- Ingénieur technique à la centrale)
Sarah : femme de Marc – au début de la pièce, elle a 65 ans – puis 35 ans (- Directrice des services techniques de la Centrale)

Une voix off

ACTE I

Scène I

Une banderole ou une pancarte indique :
*« **Salle des fêtes de la centrale nucléaire de Smallville** »*
Décors en trompe l'œil pour donner de la profondeur.
Des membres de deux familles, des amis sont dans une salle près de la centrale de Smallville (ou toute autre si celle-ci ne convient pas – ça peut être Tchernobyl, avec des inscriptions en Russe !) à fêter le réveillon du jour de l'an.

Tout se passe bien.

Bruits de fonds .... Conversations, cris et rires d'enfants, musique .... Fort au début puis bas pendant les conversations.
Pour simuler de nombreux personnages (hommes, femmes, enfants) on disposera des mannequins ou des chantournés des personnes assises, d'autres debout des ombres se déplacent, une boule multi facettes envoie des éclairs de lumières ...... et une table sur le devant de la scène avec 6 personnes grimées en personnes âgées et Rachel, la fille

du   couple-1 est debout de dos , en retrait s'entretenant avec son mari (David) qu'on ne distingue qu'à peine.

Patrick   (*à Marc*) : Y'a une ambiance du tonnerre, c'est 'une sacrée soirée !'

Lucie (*à Patrick*) : Que dis-tu ?

Marc *(fort, à la cantonade*) : C'est « UNE SACREE SOIREE !! »

Tous : *ils rient*

Sarah : Avez-vous réfléchi aux bonnes résolutions que vous allez prendre pour la nouvelle année ?

Pierrette : Cette année sera l'année de notre retraite à Jean et à moi et nous l'avons bien méritée !

Jean : Surtout moi, toi tu n'as que soixante ans, moi j'en ai soixante cinq !

Pierrette : Oui, mais j'ai travaillé cinq fois plus que toi !

Ils rient de bon coeur

Pierrette : Et toi Lucie ?

Lucie : Moi, c'est le contraire, j'ai cinq années de plus que Patrick !

Pierrette : Mais non, je voulais dire : as-tu pensé à tes bonnes résolutions ?

Lucie : J'espère que dieu nous donnera la santé et assez d'argent pour continuer de vivre heureux

Sarah : Mais ce n'est pas une résolution, ça, c'est plutôt un vœu pieu !

Patrick : Lucie et moi faisons les vœux que nous voulons et ce n'est pas toi qui va nous en priver !

Pierrette : Patrick, tu as raison mais Sarah essayait d'orienter la conversation sur les résolutions, pas les vœux …. Moi, par exemple, pour ce début de retraite, j'ai décidé de faire du sport et je me suis inscrite à la piscine aux cours de gym aquatique.

Jean : Quant à moi, je vais faire du jardinage.

Marc : Le jardinage et la piscine, la terre et l'eau … manque plus que le vent et le feu !

Pierrette : Pour faire des barbecues !

Marc : Où de l'alchimie !

Sarah : Pour l'année qui s'annonce, j'ai décidé de ne plus manger de viandes, ce sera ma participation à l'amélioration de la vie sur terre et des bonnes relations entre humains et animaux !

Jean : Si tout le monde faisait comme toi, nous n'aurions plus qu'à fermer le restaurant !

Sarah : Je croyais que vous preniez votre retraite ?

Pierrette : Dans six mois seulement, le temps d'atteindre le nombre de trimestres.

Patrick : Et après, vous en faites quoi du restaurant ?

Jean : Nous le vendons …. Si ça t'intéresse, tu peux nous proposer un prix !

Patrick : Merci bien, me colleter avec les clients grincheux …. Je préfère continuer à présenter le journal télévisé sur la trois.

Sarah : Et les nouvelles sont-elles fraîches ?

Patrick : Le mauvais temps va continuer jusqu'en mars ou avril et nous attendons de la neige sur la moitié nord du pays pendant que l'autre moitié sera sous la pluie, la grêle et le verglas !
Tu vois, les nouvelles sont très fraîches !!!

Ils rient

Marc : Je n'avance aucune résolution pour l'année à venir, je ne voudrais pas être parjure en ne les tenant pas !

Lucie : Parjure, toi, le plus anticlérical de tous ceux que je connais ….. tu utilises des mots qui ne te ressemblent pas !
Sarah : Ni dieu ni maître, le vocabulaire appartient à tout le monde, et ton anathème n'y peut rien changer !

Lucie : Oui, évidemment, tu défends ton mari, vous êtes aussi hérétiques l'un que l'autre !

Patrick : Allons, allons, on ne va pas se chinoiser un soir de réveillon, à quelques minutes de la nouvelle année !

Sarah : T'inquiètes Patrick, tu sais bien qu'on ne fait que se chamailler entre amis mais sans arrières pensées.

La voix dans le micro (*animateur de la soirée*) : Après le jeu des chaises musicales qui nous a bien fait rire, et juste avant les douze coups de minuit, nous allons chanter la chanson de l'enterrement de l'année.

Répétez après moi :

La voix : Ah quelle belle année
Tous :   Ah quelle belle année

La voix : Nous avons passé
Tous :   Nous avons passé

La voix : Mais elle est passée
Tous   : Mais elle est passée

La voix : Il faut l'oublier
Tous   : Il faut l'oublier

La voix : On a bien rigolé
Tous   : On a bien rigolé

La voix : On a bien mangé
Tous   : On a bien mangé

La voix : On a bien baisé (chanté)
Tous   : On a bien baisé (chanté)

La voix : Mais il faut laisser
Tous   : Mais il faut laisser

La voix : La nouvelle année
Tous   : La nouvelle année

La voix : Lui faire un pied d'nez
Tous   : Lui faire un pied d'nez

La voix : levons nos verres à l'année qui s'en va et à celle qui s'en vient !

Tout le monde lève son verre …

La voix : et maintenant, nous allons faire le décompte des secondes … allez, tous ensemble …
10 - 9 - 8 – 7 – 6 – 5 – 4 – 3 – 2 – 1 …….

Soudain, tout s'éteint sono et lumière, c'est la nuit noire et le silence s'installe dans la salle …
Un bruit terrible se fait entendre dehors …..
Un grondement qui enfle jusqu'à devenir comme celui d'un tremblement de terre …..

Dans la salle, c'est le noir et le silence, marquer une pause lourde et angoissante

Un bruit strident celui d'un éclair ou d'une fusée qui fuse ……..

Une musique de fin du monde d'abord en sourdine puis crescendo puis à nouveau encore, decrescendo.

Fin de la scène I de l'Acte I

(Pendant ce temps, les accessoiristes font le rangement de la scène et les acteurs se rajeunissent en ôtant leurs perruques et leurs moustaches ..... à moins qu'on ne dispose de 6 autres acteurs plus jeunes qui seront les doubles des premiers)

Scène II

La lumière revient lentement sur le devant de la scène, laissant le fond de la scène dans la pénombre.
La musique s'éteint.
Les tables ont disparues, les chantournés, les éclats de lumières, il ne reste que les six personnes à la table, debout, rajeunies mais l'air totalement hébétées toujours le verre à la main. Ils se regardent, lentement les uns les autres avec des mines très surprises.
Ils viennent de faire un recul de trente années en arrière.
Ils ont entre 25 et 35 ans.

Sarah, Patrick et Lucie se rasseyent l'air égaré et
Jean et Marc parlent en même temps : Mais que se passe-t-il ?

Que nous arrive-t-il ?

Lucie : C'est incroyable, vous avez tous rajeunis d'au moins vingt ans si ce n'est plus !

Patrick : Mais toi aussi, Lucie te voilà redevenue une toute jeune femme !

Un silence.

Marc: Ce n'est pas normal, ça c'est sûr !

Pierrette : Et puis tout le monde a disparu, l'aviez vous remarqué ?

Jean : On nous fait peut-être une blague ?

Patrick : Et comment 'ON' a-t-il fait pour nous rajeunir à ce point ?

Pierrette : Si c'est un tour de magie, il est particulièrement réussi, et je ne vois plus l'animateur et des tas de gens ont disparu avec lui …. Ils vont réapparaître et nous souhaiter la bonne année en se moquant bien de nous.

Marc : Mais c'est matériellement impossible de nous rajeunir ainsi ! Une blague ou un tour de magie aurait consisté à mette un jeune sosie de l'une ou de l'un de nous pour nous déstabiliser …. Mais là, moi, je sens bien, je vous regarde, je me regarde, je 'vois' bien que nous sommes 'tous' rajeunis.

Patrick : les questions que ça soulève, c'est pourquoi ? et où en sommes-nous de nos vie ? Est-ce que cette 'métamorphose' ne nous concerne qu'exclusivement ou bien est-ce la région, le pays, la planète …. Qui est l'objet de ce brusque coup d'jeune ???

Lucie : (se tâtant de partout) Je me sens bien, en tout cas … et vous ?

Les autres : (se tâtant aussi) oui ça peut aller …

Pierrette : et j'ai envie de musique. (*Elle va à la console audio et met une musique douce. Moi, je mettrais un truc sirupeux de Léon Redbone (lazy bones, par exemple), assez en décalage avec la situation !*)
La musique, les chansons, c'est ce qui fait la différence entre la vie et la mort.
Croyez-vous que nous allons revivre les trente dernières années exactement de la même façon, ou bien que tout sera différent ?

Jean : Il y a trente ans, nous étions jeunes mariés, tu te souviens ?

Sarah : Nous, nous étions déjà mariés depuis dix ans et notre fils David avait dix ans. (*Elle a du mal à cacher son émotion.*)

Marc (*lui prend la main et la pose sur son cœur*) : Il devrait être là, lui aussi, rajeuni comme nous !
A moins qu'il ne soit pas encore né ! ?

Patrick : Pas encore né …. Mais dans ce cas, cela veut dire que nous reprenons nos vies en arrière …. et nos boulots ? Allons-nous devoir tout refaire aussi ? Repasser par toutes les étapes les réussites, les échecs …. Est-ce que ça ne va pas être chiant de tout recommencer ?

Marc : Mais ce serait, bien au contraire formidable de revivre sa vie, d'éviter les erreurs que nous avons pu commettre, de profiter de notre expérience pour affirmer nos convictions, passer à travers les mailles imprévisibles du destin …. Ce qui, tout compte fait ne nous empêcherait nullement de commettre d'autres erreurs auxquelles nous n'avons pas été confrontés ….

Lucie : Les voies du Seigneur sont impénétrables !

Marc : Arrête de ramener tout à ta folie mystique !

Jean : Je ne veux pas refaire le chemin de ma vie, ni à l'endroit ni à l'envers, je ne veux pas revivre les mêmes jours, les mêmes nuits sans pouvoir agir sur mon destin et me retrouver bourlingué par les coups de chance et les coups du sort. Vivre, ce n'est pas comme revivre car il y a toujours cet inconnu plus ou moins aléatoire du lendemain alors que nous connaissons nos destins … au moins jusqu'au moment de l'explosion. Vivre c'est ignorer l'heure de sa mort et profiter de chaque jour comme s'il était le dernier !

Marc : Quel bel exercice de philosophie ! Mais tu n'as rien inventé, car jamais personne n'a eu, comme nous semblons l'avoir en partie, l'heur de revivre sa vie ! Mais en partie seulement car si j'ai rajeuni, je ne me souviens pas pour autant avoir déjà vécu cet instant et donc nous sommes toujours dans l'aléatoire !

Sarah : Seule une explosion d'une violence incommensurable pourrait créer une distorsion de l'espace temps assez puissante pour nous rajeunir. Pour nous faire revenir en arrière dans le temps …
Mais pas seulement physiquement, théoriquement, nous devrions perdre aussi la mémoire de ces années renversées, évanouies, comme si elles n'avaient jamais été.
Ça ne vous paraît pas bizarre que nous nous souvenions du vécu de ces années qui se sont effacées physiquement mais pas mentalement ?

Jean : Il n'y a pas que ça de bizarre, tout est bizarre …

Pierrette : Bizarre, vous avez dit bizarre …..
(*les autres ne mouftent pas*) … Bah ! c'est
sorti comme ça … j'ai pas pu m'en empêcher
…

Lucie : Allons, il faut prier Dieu pour le
remercier de nous donner cette chance d'une
nouvelle jeunesse.

Jean : Un musulman te dirait de prier Allah et
un Tibétain de prier le Dalaï-lama ….

Marc : Je crois que les Tibétains prieraient
plutôt Bouddha, non ?
Certains, comme Lucie disent avoir de la
chance et d'autres diront que c'est la faute à
pas d'chance. Mais ça revient au même, celui
qui gagne au loto, pourquoi lui et pas son
voisin alors qu'il n'a absolument rien fait que
son voisin n'ait pas fait aussi ?
Nous sommes dans le domaine de
l'irrationnel, du plus pur aléatoire, exactement
l'inverse du déterminisme et du concept d'un
dieu !

Patrick : croyez-vous que ce soit vraiment le
moment de comparer vos connaissances en
théologie ?
Si jamais une entité supérieure existait,
quelque soit son nom et sa forme, elle vient de

se manifester en nous rajeunissant, mais ça ne me rassure pas du tout !

Les Dieux n'ont pas pour habitude de répondre aux questions, qu'elles soient basiques ou métaphysiques. Ils ne prennent jamais le risque d'éclaircir leur mystère.

J'ai envie d'être très terre à terre et d'appeler les pompiers pour voir ce qu'ils en disent.

(*Il sort son téléphone portable*)

Zut, il est éteint …. (*il tente de le rallumer …*)

Nom de dieu ! il ne veut pas se rallumer !

Lucie : Patrick !

Patrick : Oh pardon ! ça m'a échappé ! *(s'adressant aux autres)* Et le votre ?

(*Les autres sortent leurs portables …… et font tous la même constatation !*

D'autre part, petit à petit, ils se grattent … qui le menton, qui le bras, qui la jambe … de plus en plus …ils sont de plus en plus pliés …et leurs voix changent imperceptiblement et de plus en plus vieillissantes. Dans un film, où on peut utiliser les trucages, ils vieillissent à vue d'œil – ou presque- Lucie va se mettre un peu à part des autres et semble se recueillir pour prier)

Patrick : Bon ! j'essaie de contacter les pompiers, après on verra ! Où en êtes-vous de vos connexions ?

Les autres (*les uns après les autres ...ils se grattent*) : Rien, mon téléphone ne s'allume pas, on dirait que les piles sont mortes ! Moi pareil .... Moi aussi ....

Sarah : ça me démange de partout !

Pierrette : Oui, moi aussi .... Qu'est-ce que c'est ?

Patrick : Et le téléphone fixe ?

Marc : Il n'y en a pas, tu sais bien qu'avec les portables, les fixes ont disparus des lieux publics !

Jean (voix rauque) : C'est une connerie.
Et j'ai de plus en plus mal à la gorge ....

Pierrette : Nous sommes en train de vieillir en accéléré .... Nous dégénérons .... C'est comme ça qu'il faut dire ?

Patrick : Pendant que vous continuez d'essayer de vous connecter, je vais jeter un œil dehors (*Il se lève et se dirige vers une* *porte fenêtre*) … il y a peut-être des personnes qui ont besoin d'aide ?

Marc : Non, n'ouvre pas, ne sors pas !

Lucie (*à son mari : Patrick qui fait un haussement d'épaules qui semble vouloir ignorer le conseil de Marc et il se gratte le cul* ☺) : Chéri, s'il te plaît ne fais pas de bêtise, reste avec nous et essayons d'abord de contacter l'extérieur par téléphone ….

Fin Scène II de l'Acte I

scène III

Marc : Patrick, cette salle n'en n'a pas l'air, mais elle a été conçue pour servir d'abri anti-atomique, c'était au temps où on craignait une guerre nucléaire après que les ressources pétrolières aient été épuisées par la Chine …. Si un accident s'est produit à la Centrale, ou si la guerre atomique a commencé, c'est ici que nous sommes le plus à l'abri.

Patrick : Tu me charries ! ?

Marc : Non, je t'assure, je suis tout ce qu'il y a de plus sérieux ! Le conseil municipal, sur l'avis de la direction de la Centrale a fait construire cette salle avec un cahier des charges prévoyant son usage anti-atomique, pour faire d'une pierre deux coups et il y a des installations plus performantes au sous-sol, ainsi que des vivres et de l'eau, mais nous n'avons pas la clef et les portes sont totalement blindées. Le protocole prévoit que seul un élu peut ouvrir l'abri à l'aide d'un code secret.

Jean : Qu'est-ce que c'est que cette histoire de fou ! ?
Ils se sont fabriqué un abri personnel sur le compte des contribuables et ils comptaient

laisser les habitants se débrouiller seuls ;
crever seuls !

Pierrette : Et le protocole, il prévoyait que
nous rajeunissions ?

Jean : En tout cas, ils n'emporteront pas leur
clef au Paradis, à l'heure qu'il est, ils doivent
cramer en enfer …. Pauvres ou riches, clef ou
pas, il ne doit plus rester grand monde dans la
région, si ce n'est le pays …. Et toutes les
richesses qu'ils ont accumulées ne serviront
plus à rien ni à personne.

Pierrette : Et je crois bien que nous ne
tarderons pas à les rejoindre …. À la vitesse
où nous vieillissons !

Sarah : Personnellement, je me sens mieux, il
semble que le processus de sénilité accélérée
se ralentisse ….

Jean : On a l'âge de ses artères, c'est le
docteur qui le dit !

Lucie : Nous sommes entre les mains de
Dieu !

Marc : Il ne serait pas un peu manchot ton
dieu ?

Silence juste occupé par la musique de fond (anachronique, si possible .... i.e. gaie.)

Patrick : Si c'est un code secret, on peut peut-être le chercher.

Marc : C'est un code numérique, mais je ne sais pas sur combien de digits, ça me semble tout à fait impossible à décoder, surtout si le code est sur sept ou huit digits.

Patrick : Je te parie tout ce que tu veux que leur code est égal à leurs dates de naissance.

Marc : Oui, c'est possible, mais ça ne règle pas le problème.

Sarah : Et ils sont nombreux au conseil municipal ?

Marc : ils étaient une douzaine. Pourquoi ?

Sarah : Ils 'étaient' .... Tu es d'un optimisme débordant .... Et puis, tu sais bien que les codes sont des combinaisons qui s'oublient quand on ne s'en sert pas et que tout le monde fait la même erreur malgré les mises en garde !

Jean : Oui, c'est vrai, nous faisons tous ça, nous notons nos codes d'accès sur des papiers.

Pierrette : Alors, qu'attendons-nous pour chercher cette porte ?
Elle est où cette porte blindée ? (*elle cherche un peu partout .... Disparaît .... Réapparaît .....*)

Marc : Là, dans le mur, elle est camouflée avec ce trompe l'œil mais de très près on voit très bien le filet du joint de la porte (*peinture simulant une étagère avec pots de fleurs, casseroles, bouquins ...ou alors, une fausse porte fenêtre ...*), c'est malin de cacher une porte derrière un dessin de porte ; mais le code, lui, je n'ai aucune idée d'où il peut se trouver ?

Patrick : Si nous approfondissons notre raisonnement selon lequel le code a été écrit afin de pouvoir le saisir rapidement en cas d'urgence, il se trouve forcément tout près de la porte ou sur la porte elle-même ....

Sarah : Oui, c'est bien raisonné, et ça rime avec le reste, regardons si nous le trouvons ...
(*Ils se mettent tous à scruter le trompe l'œil et autour*)

Pierrette : C'est fou, de loin, ça trompe vraiment l'œil, mais de près beaucoup moins !

Jean : Je ne vois rien qui ressemble à un code …. Et vous ?

Patrick : Il est bien caché !

Sarah : C'est souvent quand on a le nez sur les choses qu'on cherche qu'on ne les voit pas …. Surtout vous, Messieurs, si nous ne vous mettons pas tout entre les mains …. Vous ne savez pas chercher **!**

Marc : Un petit accès de misanthropie, chérie ?

Sarah : Il n'y a que la vérité qui blesse !

Lucie (*semble se réveiller*) : Je trouve l'instant bien mal choisi pour démarrer une scène de ménage ! (**elle les rejoint dans la recherche du code**)

Au bout d'un moment ...

Lucie : Ça ne serait pas ça, par hasard ?

Marc : Ça quoi ?

Lucie : Ce bouquin, de Victor Hugo : quatre vingt treize !

Marc : Il y avait des lettrés dans ce conseil municipal !

Jean : C'est un peu court comme code, neuf trois, comme la banlieue, les lettrés du conseil n'étaient pas des matheux !

Pierrette : Pas si on l'écrit 'quatre', plus loin 'vingt' et plus loin 'treize' !

Marc : C'est presque une date, surtout au format anglo-saxon : 'quatre' pour le mois, 'vingt' pour le jour et 'treize' pour l'année ça nous donne : '20 Avril 1913'

Patrick : 1913 ! Mais aucun des membres du conseil ne pouvait être aussi vieux !

Marc : Non, mais la femme la plus célèbre du village oui. Une certaine Louise née ici en 1913 et qui a eu des apparitions du côté de la forêt des lapins.

Lucie : Elle a vu la vierge et le saint esprit qui se donnaient la main. C'était une sainte mais le clergé a refusé de la canoniser sous prétexte qu'elle a eu huit enfants !

Jean : C'est à cause des lapins !

Marc : Nous sommes bien peu de chose !

Jean : Je propose d'essayer, avec 'neuf trois', 'quatre vingt treize' et 'vingt avril mille neuf cent treize' ….. mais où entre-t-on le code ? (*Ils se remettent à chercher ...*)

Marc (*après quelque temps ...*) : Attendez, je crois avoir une idée …. Pour accéder à cette salle de fête, l'adjoint à la culture m'avait donné un code à saisir à la porte d'entrée. Il se pourrait que ce soit le même boîtier qui serve pour les deux portes, suivant le code qu'on saisi.

Patrick : J'y vais, je vais essayer les différents codes …

Lucie : Non, n'y va pas, tu vas y laisser ta peau !

Patrick : Mais si ça vous permet de survivre, je ne mourrai pas inutilement.

Jean : Non, il faut tirer à la courte paille entre nous les hommes lequel se sacrifiera.

Marc (*voix grave, âgée*) : Nous avons affaire à une catastrophe nucléaire majeure, la centrale a du exploser .... Nous ne nous en sortirons pas, même si nous pouvions ouvrir l'abri anti-atomique, cela ne règlerait en rien le triste sort qui nous attend !

Patrick   (*va à la porte, l'ouvre sort et referme la porte sans que les autres aient le temps de rien faire ou dire ...*)

(*Accroître l'intensité dramatique !*)

Lucie :   (l'aperçoit   sortant,   elle hurle) PATRICK NON, NE FAIS PAS ÇA ! PATRICK ....

Patrick   (*un moment, puis on entend comme une   explosion   molle   (Patrick   vient d'imploser), les autres se précipitent à la fenêtre et Lucie hurle et pleure elle se dirige vers la porte de la salle, mais les autres la stoppent !*)

Lucie : (*La tête entre les mains, elle pleure, les autres l'entourent pour la réconforter ...entre deux sanglots et la voix âgée*) : Laissez-moi, je veux mourir, je veux sortir ...mais pourquoi, pourquoi lui ? Toute une vie peut-elle disparaître aussi soudainement ? Il ne m'a même pas embrassée !

*(La porte de l'abri vient de s'ouvrir, mais les
autres ne s'en aperçoivent pas
Silence et grande tristesse.)*

Sarah *(la prend par les épaules, essaie de la
réconforter)* : Il s'est sacrifié pour nous, pour
toi, surtout, pour que tu aies et que nous ayons
tous une seconde chance. Il ne t'a pas
embrassée parce qu'il n'aurait peut-être plus
eu le courage de sortir s'il l'avait fait.

Lucie : Mais il l'a fait pour rien, nous allons
mourir de toutes façons ! *(Elle pleurt)*

Jean : Regardez ! *(il montre la porte ouverte
de l'abri du doigt)*

Sarah : Patrick ne s'est pas sacrifié en vain !

Marc *(va se mettre dans l'ouverture de la
porte de l'abri et regarde à l'intérieur d'où
émane une lueur blafarde et une espèce de
fumée jaunâtre − en parlant, il met son
mouchoir sur son visage)* : Mais ça pue ! C'est
horrible !!!
*(ça serait bien, je crois, qu'un puissant
ventilateur fasse passer une bouffée de
puanteur dans la salle ..... vite dissipée pour
ne pas faire fuir les spectateurs,
évidemment !)*

Rideau

Fin Scène III de l'Acte I

Fin Acte I

Acte II

scène I

Changement de décor, on retrouve les comédiens dans une pièce plus étroite, c'est l'abri anti atomique. Il y a une table, des chaises, des lits superposés, des étagères avec des boîtes de conserve, des gros flacons d'eau … une lumière blafarde.

Sarah : Jean, qu'as-tu fait des corps ?

Jean : Ce qu'il en restait car ils étaient redevenus poussières ou presque. Je les ai mis dans le local à poubelles de la salle des fêtes dans un sac poubelle, justement et il y avait de la place pour les quatre.
Marc, es-tu certain qu'il s'agissait bien de membres du conseil municipal ?

Marc : Absolument aucun doute à ce sujet, ils étaient méconnaissables, mais leurs papiers, eux, ne laissaient pas de place aux conjectures.

Pierrette : Comment tout ceci est-il possible ? Nous sommes en vie, là, à la place de quatre membres du conseil municipal qui sont morts il y a des années, des siècles, peut-être, ces types avaient profité de leur position pour tenter de sauver leurs peaux sans se soucier de leurs concitoyens ….. mais nous …. Comment sommes-nous arrivés là ?

Jean : C'est certain que c'est tout à fait étrange et que ça paraît impossible, mais à défaut d'avoir une explication, nous devons bien admettre les faits et les accepter, il n'y a rien d'autre à faire.

Lucie : Avouez qu'il y a de quoi devenir mystique ! Sans intervention divine, rien de cela ne serait possible !

Marc : Si ta foi peut t'aider à surmonter le présent, je respecte tes convictions bien que je ne vois rien dans tous ces faits qui présente une quelconque cohérence. Je penche plutôt pour une anomalie liée à une distorsion du temps et de l'espace dans des conditions parfaitement hasardeuses, quantiques, dont nous sommes les sujets pour ne pas dire les victimes parce que si nous sommes encore en vie, il est probable que ce ne soit plus pour très longtemps, et cet abri antiatomique deviendra comme pour les quatre autres notre tombeau.

Lucie : A une différence près mais énorme que les quatre conseillers étaient des pourris alors que nous sommes nets, nous n'avons pas abusé d'une position privilégiée pour être là, nous n'en sommes là que par le destin ou la grâce divine.

Sarah : Ce débat entre le normal et le paranormal est-il bien de circonstance ?

Lucie : Tu sais, Sarah, nous avons, à présent tout le temps d'en discuter, nous sommes là pour un bon bout de temps et au moins jusqu'à la fin de nos jours.

Jean : Si tout continue ainsi, nous ne sommes pas prêts de revoir d'autres humains. Notre société va se résumer à nous cinq, l'organisation politique va s'en trouver fort simplifiée et les élections aussi. Nous voici tout recroquevillés sur nous-mêmes, en vase clos.

Jean : Allons, allons, nous n'allons pas déjà déprimer. Il n'y a, après tout, que quelques heures que nous sommes là et rien ne nous dit qu'il ne se passera rien d'autre.

Lucie : Quelques heures ou quelques siècles. Nous n'avons aucun moyen de vérifier le temps, ni l'heure exacte que nos montres nous donnent, nous ne sommes plus dans le temps que nous avons connus, nous avons rajeunis, puis nous avons trouvé ces conseillers morts depuis des siècles ….. si un Dieu ou une divinité nous met à l'épreuve, le temps n'a plus rien à voir avec ce qui nous arrive.

Pierrette : N'est-ce pas un tantinet présomptueux d'imaginer qu'un dieu puisse porter tant d'attention à quelques humains à la dérive ? A moins que nous ne lui servions de cobaye, de jouet pour le distraire quelques instants de son éternité.

Lucie : Dieu est plus puissant que tu ne l'imagines !

Marc : Et si nous parlions de choses plus concrètes ! Je propose que nous effectuions un inventaire de ce que cet abri contient et que nous évaluions, en fonction de ce qui est consommable le temps que nous pouvons survivre en supposant qu'on nous en laisse la possibilité.

Jean : OK, je m'occupe de lister les conserves, qui se dévoue pour faire la cuisine ?

Lucie : Tu changes de conversation, mais le débat n'est pas clos pour autant … nous serons bien obligés d'en reparler.

(Un moment de calme, Jean répertorie les conserves, les autres vaquent à leurs inoccupations … ils se tournent le dos, évitent de se regarder …)

Pierrette : Je veux bien être la première à me dévouer pour faire la cuisine, mais y'a-t-il vraiment de quoi cuisiner … quand on voit toutes ces conserves ?

Marc : On n'est peut-être pas au bout de nos surprises.

Lucie : *(soudainement, sans prévenir quiconque …)* Dieu m'a donné des pouvoirs surnaturels, je le sens, je sens que je peux voler, je le sens … (elle prend une chaise, monte dessus et s'élance et se casse la gueule ! Les autres ont envie de rire, mais se retiennent …elle se relève doucement)*
Qu'est-ce que vous avez à me regarder comme ça ?
Si ça vous fait rigoler, ne vous gênez pas, allez-y, marrez-vous ….

Sarah : Lucie, qu'est-ce qui t'a prise ? Tu t'es sentie pousser des ailes ? *(On voit qu'elle se retient de rire)*

Lucie : Je ne sais pas ce qui m'a pris …. C'était une envie plus forte que moi, une envie soudaine de vérifier si je pouvais voler ….. j'étais persuadée que je le pouvais ! Dieu m'en a persuadée !

Jean : On est sous tension, c'est normal qu'on ne se sente pas totalement comme d'habitude.

Pierrette : En tout cas, si vous avez d'autres pulsions, ce serait gentil de prévenir avant … je suis émotive, moi !
Bon ! Alors, qu'est-ce que j'ai à cuisiner ? Après tout, ces aventures m'ont ouvert l'appétit ! Jean, ça donne quoi ton inventaire ?

Jean : Pour le moment, j'ai surtout des sachets lyophilisés dont j'ignore le contenu. J'ai aussi deux boîtes de cassoulet, trois boîtes de petits pois et cinq bocaux de tripes à la mode de Caen, mais tout ça m'a l'air passablement vieux.

Marc : On dirait que les conseillers municipaux n'aimaient pas trop les tripes !
Dites, d'après vous, où est-ce qu'on fait ses besoins ? J'ai une petite urgence.

Pierrette : Excellente question ! Si tu trouves, tu nous dis ?

Marc : *(disparaît au fond du décor ...)*

Jean : C'est quoi, ça ? *(il tient à la main un document contenu dans un plastique qui n'a pas encore été ouvert .... Il le sort et lit :)* « votre abri antiatomique notice d'emploi » Ah bah ça ! Ils ne l'avaient même pas ouvert ! *(Il lit)* ....
Tiens ! ....
Ah bah ça ! ....
Merde ! ....

Sarah : Arrête ton cinéma, Jean et dis-nous ce qui te fais réagir comme ça ! ?

Jean : Les sachets, ce sont des graines et au fond de l'abri les toilettes sont des toilettes sèches destinées à fabriquer du terreau à partir de nos selles pour faire pousser les graines ....
haricots, tomates, courgettes, pistou ...

Pierrette : Pisse quoi ?

Jean : Le pistou c'est le basilic. *(Une pose ... il continue de lire ...)*

Sarah : Et il y a d'autres découvertes ?

Jean : Là, ça explique comment l'eau est récupérée de l'extérieur et filtrée …

Pierrette *(arrive avec une casserole fumante)* : Et un cassoulet, un !

Rideau ou noir

Fin Scène I de l'Acte II

Scène II

Changement de décor, on retrouve les comédiens dans une pièce lumineuse et joyeuse, avec des crucifix et autres bondieuseries accrochés aux murs ; c'est la maison de Patrick et Lucie, ils fêtent leur premier anniversaire de mariage. Un grand canapé, des fauteuils et une table basse avec verres et bouteilles et amuses gueule.
Ça serait vraiment super si une odeur de cuisine parcourait la salle un instant....
Les autres couples arrivent l'un après l'autre .... (ils sont jeunes)
Petit à petit va s'installer une sorte de quiétude familiale joyeuse, on n'a pas l'impression d'être dans la même pièce de théâtre ... on oublie tout ce qui vient de se passer ... petite musique de fond légère.

Patrick : Bienvenue les amis !

Lucie : Passez-moi vos vestes, je vais les accrocher *(un porte-manteau derrière)*

(les invités donnent les cadeaux qu'ils ont apportés)

Pierrette : Joyeux anniversaire de mariage et que la vie vous apporte tout ce que vous souhaitez.

Lucie : Dieu y pourvoira !

Marc *(en aparté à Sarah)* **:** Elle ne perd pas de temps pour nous placer son bon dieu !

Lucie : Que dis-tu, Marc ?

Marc : Déjà un an que vous êtes mariés …. Et je trouve que tu as pris un peu de poids …. Non ?

Lucie *(avec un sourire radieux)* : C'est dieu qui a voulu que je devienne maman.

Jean : Alors, Patrick, déjà cocu ! ?

Lucie *(boude et s'en va mettre son bouquet de fleurs dans un vase puis part dans la cuisine)* : C'est pas drôle !

Patrick : Jean, s'il te plaît !

Jean : Pardon, je n'ai pas pu résister à ce bon mot !

Sarah : On t'a connu plus inspiré !

Patrick : Allez, venez vous asseoir, on va prendre l'apéro et pas se fâcher un jour comme celui-ci !

Pierrette : Fille ou garçon, Lucie ?

Lucie *(revient un plateau dans les mains) :* On ne sait pas encore et on n'a pas trop envie de savoir …

Pierrette : Avez-vous choisi des prénoms ?

Patrick : Angélique pour une fille et Robert comme le gardien de but si c'est un garçon.

Jean : Y'a un gardien de but qui s'appelle Robert ?

Patrick : Oui dans l'ASFS, l'Association sportive de foot de Smallville.

Silence … on trinque, on pique dans les petits fours ….

Jean : Pierrette et moi venons de signer un bail pour un restaurant dans le village, « le miracle de Louise », c'est juste avant la forêt des lapins. On espère bien vous compter parmi nos clients.

Lucie *(excitée)* : Oh mais bien sûr, c'est tellement excitant ! D'ailleurs, Patrick aussi a une bonne nouvelle à vous annoncer …

Patrick : Je viens de décrocher le poste d'animateur du JT sur FR3 région.

Tous *(se lèvent pour aller le congratuler …)* : Ouais – bravo – félicitations …..

Pierrette : Et vous, Sarah, Marc, déjà six mois que vous êtes à la centrale, c'est pas trop dur … ou … dangereux ?

Sarah : Je viens d'être nommée directrice des services techniques, alors je veille de très près à la sécurité et Marc est désormais sous mes ordres. *(Elle se lève et prend une attitude quelque peu hautaine et ridicule à la fois pour toiser Marc)*

Marc : Mon chef est un tyran mais je me venge le soir, je lui rends la monnaie de sa pièce …. Au lit !

rires
La musique de fond s'arrête

Sarah *(Debout ne bouge pas. Elle fait une drôle de tête)* : Vous n'avez pas comme une étrange impression de déjà vécu ?

(Ils la regardent avec des têtes déconfites)
Pierrette *:* Oui, moi aussi, ça me revient ce n'est pas la première fois que nous fêtons cet anniversaire ….

Marc : Nous sommes revenus en arrière … nous revivons les mêmes scènes …. mais ….

Patrick : Mais tout en sachant que nous ne sommes pas les mêmes …

Jean : Nous étions ailleurs il y a quelques instants ….. une salle, plutôt obscure ….

Patrick : Non, c'était plutôt une grande salle avec de la musique et des cris ….

Marc : Tu n'étais pas avec nous, Patrick !

Lucie *(se précipite dans les bras de son mari)* : Mon dieu, non, ce n'est pas possible, non, je ne veux pas te perdre, je veux te garder … je vous en supplie mon dieu, ne me le reprenez pas !

Marc : Si ton dieu existe, il est devenu fou !

Sarah *(Ne bouge pas. Elle fait une drôle de tête)* : Sentez-vous …. Nous dérapons, nous

nous dissipons *(la lumière baisse)* nous repartons .....

Rideau ou noir

Fin Scène II de l'Acte II

Scène III

Changement de décor, on retrouve les comédiens dans la salle des fêtes avant l'explosion ....
Tout le monde s'amuse ..... musique, animation .....

Patrick (*à Marc*) : Y'a une ambiance du tonnerre, c'est 'une sacrée soirée !'

Lucie (*à Patrick*) : Que dis-tu ?

Marc *(à la cantonade)* : C'est « UNE SACREE SOIREE !! »

Tous : ils rient

La voix dans le micro (*animateur de la soirée*) : Après le jeu des chaises musicales qui a nous a bien fait rire, et juste avant les douze coups de minuit, nous allons chanter la chanson de l'enterrement de l'année.

Répétez après moi :

La voix : Ah quelle belle année
Tous :   Ah quelle belle année

La voix : Nous avons passé
Tous :   Nous avons passé

La voix : Mais elle est passée
Tous   : Mais elle est passée

La voix : Il faut l'oublier
Tous   : Il faut l'oublier

La voix : On a bien rigolé
Tous   : On a bien rigolé

La voix : On a bien mangé
Tous   : On a bien mangé

La voix : On a bien baisé (chanté)
Tous   : On a bien baisé (chanté)

La voix : Mais il faut laisser
Tous   : Mais il faut laisser

La voix : La nouvelle année
Tous   : La nouvelle année

La voix : Lui faire un pied d'nez
Tous   : Lui faire un pied d'nez

La voix : levons nos verres à l'année qui s'en
va et à celle qui s'en vient !

Tout le monde lève son verre …

Jean : Excusez-moi mais j'ai envie de pisser !
(il part précipitamment)

Pierrette *:* Nous voici revenus à notre point de départ !

La voix : et maintenant, nous allons faire le décompte des secondes … allez, tous ensemble …
10 - 9 - 8 – 7 –…….

Lucie : Mon dieu, non, épargnez-nous rendez-nous notre vie, rendez-moi mon Patrick …

Patrick : Je suis là ma chérie, pourquoi dis-tu cela ?

Lucie (*elle se jette dans ses bras*) : Tu ne te souviens pas ? tu vas te sacrifier pour nous sauver et je ne le veux pas …

Patrick : Qu'est-ce que tu racontes ?

Lucie : Tu ne te souviens de rien ?

Patrick : De quoi devrais-je me souvenir ?

Sarah *(à voix basse aux autres)* : Elle a réussi à arrêter le décompte …

Lucie : Dans une seconde, la centrale va exploser et un peu plus tard tu vas sortir pour taper le code secret qui ouvre l'abri antiatomique … et tu vas …

Patrick : Ma chérie, j'ai l'impression que tu viens de faire un cauchemar … t'es-tu assoupie ?

Lucie : Mon amour, je ne suis pas folle comment …. comment et pourquoi ne te souviens-tu de rien ?

Sarah *(à voix moins basse)* : C'est impossible, elle est en train de modifier le continuum temps !

Lucie : Mon dieu, aidez moi, faites que tout cela cesse, que cette horreur ne soit plus qu'un mauvais rêve … oh mon dieu !!!

Patrick : Lucie, ma chérie, calme-toi, tout va bien, c'est une nouvelle année qui commence, levons nos verres et partageons notre bonheur avec nos meilleurs amis …à ta santé Pierrette, bonne année Sarah, meilleurs vœux Jean, … Marc *(il serre plus fort Lucie dans ses bras et l'embrasse)*.

Sarah *:* Incroyable, le compte à rebours s'est interrompu !

La voix : ... 6 – 5 – 4 – 3 ....

Lucie *(hurle)* : NON !!!!   DIEU !!! NON !! PITIÉ !

La voix : ... 2 – 1 ....

Soudain, tout s'éteint sono et lumière, c'est la nuit noire et le silence s'installe dans la salle
...
Un bruit terrible se fait entendre dehors .....
Un grondement qui enfle jusqu'à devenir comme celui d'un tremblement de terre .....

Dans la salle, c'est le noir et le silence, marquer une pause lourde et angoissante

Un bruit strident celui d'un éclair ou d'une fusée qui fuse .... Un silence

Marc *(avec une voix résignée)* : Dieu est sourd ou n'existe pas.

Une musique de fin du monde d'abord en sourdine puis crescendo puis à nouveau encore, decrescendo.

Rideau ou noir

Fin Scène III de l'Acte II

Fin Acte II

ACTE III

Scène I

Les acteurs sont repassés au maquillage pour être vieillis pour la scène II qui va suivre.
Dans cette première scène, on ne voit que des ombres et de vagues silhouettes.
La scène est vide
Patrick n'est pas là.
Effets de lumière, les personnages sont immobiles ou marchent lentement, comme dans un rêve de long en large tout en parlant et les silhouettes se découpent pour les plus au fond de la scène en contre jour et très légèrement éclairées pour les plus proches du public ... on reconnaît les acteurs à leurs silhouettes et leurs voix ils passent successivement du devant de la scène vers le fond et reviennent ... dialoguant de plus ou moins loin de la baignoire ...
Le tout doit donner une ambiance très vaporeuse (un peu de fumée rampant au sol), une ambiance dérangeante, stressante ... même !

Lucie *:* Mon dieu, qu'est-ce qui nous arrivent, quelles épreuves nous fais-tu subir pour renforcer notre foi ?

Patrick : Les voies du seigneur sont impénétrables …

Sarah : Il y a forcément une explication rationnelle à tout cela !

Pierrette : J'aimerai bien qu'on me la donne ….

Marc : Je n'ai pas la science infuse mais si nous essayons de recoller les morceaux, tout à commencer à minuit, au moment de basculer dans le nouvel an et que la centrale nucléaire a, semble-t-il, explosée.

Patrick : Mais pourquoi ?

Lucie : Par la volonté de dieu

Marc : Si il existe, c'est possible mais dans ce cas là, ça n'explique pas tout.

Patrick : Les voies du seigneur sont impénétrables …

Jean : Et particulièrement obscures …. Si on s'en remet à un dieu pour tout expliquer, il n'y a aucune raison que nous soyons là …

Lucie : Dieu le sait, il sait ce qu'il fait et il nous guide vers lui.

Patrick : Il nous accueillera dans sa maison et nous apportera …

Pierrette *:* L'apéritif ?

(petit silence)

Lucie *:* Refuser la parole de dieu c'est refuser la raison et l'amour de son prochain.

Pierrette *:* J'attends d'entendre sa parole de mes propres oreilles …

Patrick : Faudrait d'abord que tu les ouvres !

(un silence)

Marc : La centrale a pu exploser pour trois raisons principales. Une catastrophe naturelle du type de celle de Fukushima, un problème technique comme à Tchernobyl ou, enfin, un acte terroriste ou une guerre nucléaire.

Sarah *:* L'explosion est la cause de notre état d'errance, elle n'explique pas cet état.

Marc : L'explication rationnelle de l'explosion a pour première conséquence de repousser le possible mystique.

Lucie *(péremptoire)* : C'est dieu qui a fait exploser la centrale et il a pu le faire sans intervention humaine.

Marc : L'inconnu c'est de savoir si c'est toute la planète qui a subi ce cataclysme ou bien si c'est très limité.

Jean : Qu'est-ce que ça change ?

Marc : Rien directement pour ce qui nous concerne mais si l'ampleur de l'apocalypse est mondiale, pourquoi sommes-nous les seuls dans ce labyrinthe temporel ? La raison dialectique recherche toujours la vérité qui s'établit nécessairement sur des constatations rationnelles.

Patrick : Vouloir mettre à tout prix du rationnelle dans notre situation c'est ce que tu peux faire de plus irrationnel !

Marc : Pas nécessairement.

Lucie : Patrick a raison, notre histoire est la plus grande preuve de l'existence de dieu !

Sarah : Sauf si on parvient à démontrer la rationalité de notre aventure, si nous parvenons à expliquer et à sortir de cet état

incertain dans lequel nous sommes mais qui
ne nous a pas encore définitivement tués.

Jean : Ça, pour être incertain on peut dire
qu'on est incertain !

(un silence)

Sarah *:* Marc, tu es le seul à pouvoir imaginer
ce qui a bien pu se passer.

Marc : S'en remettre à la volonté d'un dieu
omnipotent n'est-il pas plus simple ?

Patrick : Ou plus réaliste !

(un silence)

Sarah *:* Marc, tu es ingénieur en nucléaire,
quelle est ton opinion sur ce qui nous arrive ?

*(un silence .... **Tout le monde reste figé sauf
Marc**)*

Marc : Quelle que soit la cause de ce
désordre, l'apocalypse nucléaire nous a
désintégrés mais sans nous consumer.
Elle nous a rendus instables, extérieurs au
temps qui, comme chacun le sait est tout à fait
relatif.

Vous savez que les mathématiques quantiques ont démontré que le temps n'est pas imperméable, il existe des tunnels qui échappent aux lois mécaniques simples. On parle de quantum.

La force atomique nucléaire est plus rapide que la force électrique simple. Le noyau nucléique maintient assemblées les particules qui nous composent mais si une explosion des protons positifs vient à survenir, les particules se dissocient et, théoriquement éclatent ou se dissipent.

On dit que la **force nucléaire forte** maintient rassemblées les particules et doit surmonter la **répulsion électrique** que subissent les **protons positifs du noyau**, et qui tend à le faire éclater. Nous ne sommes que des êtres instables.

L'univers ne peut pas être compris sans la théorie quantique.

Un cataclysme nucléaire détruit tout et explose les particules les réduisant à néant.

Mai si, malgré tout, pour une raison que j'ignore, comme une explosion trop violente ou trop considérable, les particules restent cohérentes, elles se maintiennent assemblées tout en échappant aux lois temporelles.

Nous voyageons dans les âges sans réussir à nous fixer à une date déterminée.

Tout comme dans le roman de Wells, nous voyageons dans le temps mais …. Et c'est ça qui est grave, sans pouvoir contrôler les destinations.

Si, à la prochaine transition nous dépassons la date de notre mort ou si nous remontons avant notre naissance, nous exploserons définitivement.

(ils se remettent en marche)

Sarah *:* Avouez que c'est quand même plus plausible que la manipulation de poupées par un dieu !

Lucie *:* Je n'ai absolument rien compris ... à part la dernière phrase !

Patrick : C'est du jargon pseudo scientifique qui n'a aucun sens !

Jean : Faut avouer que ce n'est pas à la portée du premier venu.

Pierrette *:* J'ai l'impression d'avoir saisi le sens général mais pas le particulier ... je serais bien incapable de réexpliquer tout ça !

Jean : C'est pourtant simple si on résume : il y a eu un cataclysme atomique mais au lieu que ce soient nos corps qui explosent, c'est le temps qui a .... Euh .... Bref, on est dans la merde !

(ils s'arrêtent de marcher si le public rigole)

Marc : Dans les faits, nous pouvons disparaître dans une seconde tout comme nous pouvons errer pour l'éternité !

Sarah *:* Mais pourquoi sommes nous toujours réunis ? Nous avons même retrouvé Patrick alors qu'il est mort avant que nous commencions à glisser.
(un silence .... Tout le monde reste figé sauf Marc)

Marc : Nous nous sommes détachés du continuum temps à l'instant de l'explosion et à cet instant là, Patrick était des nôtres. Pour ce qui concerne le fait que nous soyons ensemble sans jamais rencontrer d'autres personnes ayant pu échapper à leur destruction, j'imagine que nos particules sont interférentes, nous dépendons les uns des autres comme si nous ne formions qu'une seule entité .... Seul Patrick n'est corrélé à notre groupe qu'en fonction de la période de notre vie.
Et pour terminer, je pense qui si l'un de nous vient à disparaître, nous disparaîtrons tous !

Patrick : C'est du GRAND n'importe quoi !

Lucie *:* Le bon dieu doit bien rigoler en entendant ces inepties !

Sarah *:* S'il existe !

(ils se remettent en marche)

Jean : Pourquoi ne pas nous adresser directement à lui pour voir s'il nous répond et nous explique notre mésaventure ?

Lucie *:* Parce que vous êtes des athées païens et sans foi, il ne s'abaissera pas à vous répondre et d'ailleurs, il n'a pas à se justifier, ses raisons sont et resteront inaccessibles aux mortels que nous sommes.

Pierrette *:* Ouais, ben en attendant il perd beaucoup de temps avec nous … il a rien d'autre à faire ?

Sarah *:* Une lessive, par exemple !

Jean : Tu crois qu'il a une cuisine aménagée ?

Pierrette *:* J'ai faim !

Jean : J'ai envie de pisser !

Sarah *:* Pas le temps …. Nous repartons ….

Rideau ou noir

Fin Scène I de l'Acte III

Scène II

Changement de décor, on retrouve les comédiens dans le futur .... Bien après l'explosion, ils sont âgés et faibles, ils vivent un peu comme des sauvages, de cueillette, de chasse, de pêche .... Le décor, c'est celui de la salle de fête, mais éventré, ouvert au ciel et aux vents .... De temps en temps des cris de bêtes sauvages traversent l'espace ...... ils se réfugient les uns contre les autres ....

Jean : Ça sent la fin, les amis, ce que je crains par-dessus tout c'est d'être dévoré vivant par l'un de ces animaux dont on entend les cris atroces ! Nous n'avons rien pour nous défendre !

Pierrette *:* J'ai un couteau de cuisine (*elle exhibe son couteau*)... un peu rouillé !

Sarah *:* C'est dérisoire !

Lucie : Mon dieu, si tu m'entends …

Marc   : Pourquoi toujours lui demander s'il t'entend puisque tu prétends qu'il entend tout, voit tout, sait tout, comprend tout et fait partout ?

Lucie (*ignore Marc*) : Mon dieu, faites que tout ceci ne soit qu'un vilain cauchemar et que je me réveille en oubliant tout !

Marc : Si c'est un cauchemar, il est drôlement bien partagé …. Veux-tu que je te pince ?

Sarah : Marc ! Arrête d'embêter Lucie, tout cela est suffisamment éprouvant, pas besoin d'en rajouter !

Lucie : Laisse, Sarah, Marc est un de ces incroyants intolérants qui refusent aux autres le droit de croire.

Marc : Je crois en l'homme, en l'humanité, en la science, en la nature …

Lucie : Et surtout au nucléaire !

Pierrette *(à voix basse aux autres)* : Elle n'a pas tort …

Lucie : Et si je te suis bien, c'est le nucléaire qui nous a menés jusqu'ici !

Marc : Je suppose que oui, à moins que ce ne soit une œuvre d'imagination collective qui nous fasse rêver exactement le même rêve au même moment !

Lucie : Et si c'est le nucléaire, c'est votre faute, c'est votre centrale, c'est votre travail et votre responsabilité !

Sarah *(à voix moins basse)* : C'est une vérité mais ce n'est pas LA vérité, nous ne sommes pas les seuls à porter cette responsabilité et si cette histoire doit porter un sens, ce ne peut être que le sens de la responsabilité collective !

Lucie : Moi je n'ai rien fait, je ne vois pas ce qu'on peut me reprocher ?

Marc : Ton silence, peut-être ? ou ton bulletin de vote ?

Sarah : Non, tu ne peux pas mettre Lucie et nous sur le même plan, nos responsabilités sont plus importantes car nous sommes initiés !

Jean *(qui s'était assoupi s'est réveillé peu avant que Sarah n'intervienne – plus haut)* : Et dieu dans tout ça ?

(Silence)

Lucie : Tu crois en dieu tout d'un coup ?

Jean : Non, mais la discussion tourne en rond, vous ne parlez pas d'une même voix, les uns accusent dieu les autres le nucléaire …. Et moi, je n'y comprends plus rien !

Marc : C'est pourtant assez simple, soit on accuse dieu de tout et pour tout, soit on considère notre propre responsabilité. Dans un cas on est dans le déterminisme et l'irresponsabilité dans l'autre, on cherche à savoir ce qu'on a fait de travers et s'il y a moyen de corriger, c'est du simple pragmatisme.

Lucie : Comme d'habitude tu résumes et limites tout à ta compréhension soi disant scientifique du monde en rejetant le spirituel et le divin !

Jean : Mettez-vous d'accord, vous voulez bien ? En tout cas, moi, je ne rejette pas le spirituel ….. quand il est drôle !

(petit silence)

Marc : Je ne rejette pas le divin, mais je n'exonère pas l'humain, ce serait trop facile de ne jamais être responsable de ses actes. Si on me prouve que l'homme n'est pour rien dans cette apocalypse, il sera temps, alors, d'envisager une intervention divine !

Lucie : Et c'est toi qui va le prouver, toi qui n'est qu'une créature de dieu ?

Pierrette : N'es-tu pas toi-même l'une de ces créatures ?

(Silence assez long)

Pierrette : Ne te placerais-tu pas au-dessus des autres en représentante de la parole divine, au nom de l'être supérieure ?

Lucie *(à l'évidence embarrassée)* : Oui …….. bien sûr …… vous essayez de me faire passer pour un bouc émissaire, vous essayez de me faire porter le chapeau !

Marc : Mais pas du tout, nous ne cherchons qu'à te faire comprendre que tu parles au nom d'une entité métaphysique qui ne t'a signé aucun blanc seing pour la représenter ! A moins que tu nous présentes un inattendu testimonial ! ?

Lucie *(à l'évidence embarrassée)* : C'est facile, pour vous qui êtes si intelligents, si instruits, si …… tout ça … de me ridiculiser, de profiter de mon manque de culture pour sortir vos grands arguments irrévocables ….. vos jugements définitifs, vos mots savants que personne ne comprend ! Mais moi, même si je ne suis pas allée à l'école supérieure, ça ne m'empêche pas de sentir que dieu est près de moi, qu'il guide mes pas …..

Jean : Mind your step !

Lucie : Quoi ?

Pierrette : C'est de l'anglais, ça veut dire : « attention à la marche ! »

Lucie *(s'effondre en larmes)*

Pierrette - Jean – Marc – Sarah : Lucie !!!!!! …..

(Ils viennent l'entrourer, la serrer dans leurs bras, la caresser … et, en même temps …)

Pierrette : Lucie, pardon, pardon, nous sommes des monstres, nous nous comportons comme des abrutis ….

Jean : Lucie, pardon, pardon, nos propos dépassent notre pensée …

Marc : Lucie, c'est cette situation insupportable qui nous a poussés à ….

Sarah *:* Lucie, nous t'aimons …. Beaucoup et sincèrement et nous regrettons tout ce que nous venons de dire et qui n'a rien à voir avec toi, notre amie de toujours !

Rideau ou noir

Fin Scène II de l'Acte III

Scène III

Changement de décor, on retrouve les comédiens dans l'abri atomique .... Ils sont abattus, leurs réserves de vivres ne leur permettent de tenir que quelques jours et d'après les calculs de Marc, cela est loin d'être suffisant pour que la pollution extérieure ait disparue .... Ils en ont assez de cette vie d'apocalypse ...

Jean (*très triste et voix âgée*) : J'ai une mauvaise nouvelle, les charbons et les filtres chimiques qui servent à apuré l'air que nous respirons sont sur leur fin il ne nous reste plus que quelques jours tout au plus avant que nous manquions d'air.

Marc (*très triste et voix âgée*) : La pollution est encore bien trop forte pour que nous puissions respirer l'air extérieur … soit nous crevons ici comme des rats, soit nous sortons et mourrons la tête haute !

Lucie : Qu'aurait-il fallu faire pour éviter ça ?

Sarah (*voix basse grave et âgée, chevrotante*) : il ne fallait pas laisser les politiques décider de tout.

Nous savions que le nucléaire entraînerait la fin du monde puisque la sécurité ne peut jamais être totalement assurée.

Nous le savions mieux que quiconque, nous qui étions aux bureaux d'études ou à la direction technique. Seulement, c'était nos emplois, notre vie.

Nous nous sommes montrés veules, nous avons laissé les politiques développer le nucléaire au détriment de notre sécurité, en pensant que nous pouvions nous décharger de nos responsabilités sur eux …. Hélas ! On ne se décharge pas si facilement de ses devoirs et nous payons, aujourd'hui nos erreurs d'hier, et c'est trop tard, nous ne pouvons pas revenir en arrière.

Jean (*très triste et voix âgée*) : De toute façon, qu'est-ce que tu veux ? Une vie éternelle, sans changements … ?

Nous ne cessons jamais de muer, de la naissance à l'ultime instant ….. La stabilité n'existe pas, n'existera jamais, nous sommes condamnés à l'instabilité, c'est le fond de commerce de l'humanité !

L'homme ne cesse jamais de chercher à améliorer ses conditions de vie au détriment du reste de l'humanité.

Les européens, les américains épuisent les ressources naturelles, érigent la société de consommation en apogée du bien être et les continents émergeants prennent exemple sur eux !

Nos ressources naturelles sont exsangues mais nous continuons malgré tout à prêcher le bonheur du confort et du bien être comme exemple de société idéale …. Nous creusons notre tombe et plus certainement encore … la tombe de nos enfants !

Et puis qui sait ?

La fin de l'humanité sera peut-être le début d'une autre grande, très grande histoire … l'humain est apparu il y a dix mille ans …. Les dinosaures, avant eux, ont occupé la terre pendant plusieurs millions d'années …. Après l'humain …. qui ou quoi prendra possession de notre belle planète ?

Et rien ni personne ne peut y changer quoi que ce soit …

Dieu (voix off grave, caverneuse et écho) :
Moi je le peux !

Jean : Qui est-ce ?

Lucie (se jette à genou les mains réunies) :
C'est vous, Dieu ?

Pierrette : Non, c'est le plombier !

Marc : On n'a pas demandé le plombier, on a demandé les pompiers.

(Ils *s'écroulent et la lumière tombe.*)

Dieu *(une toute petite lumière semblant lointaine ... voix grave, caverneuse et écho)* Je suis votre dieu .... En quelque sorte .... Mais vous ne devez pas désespérer ni vous résigner, j'ai besoin de vous comme vous avez besoin de moi.

Lucie (elle est restée à genou les mains réunies quand les autres sont allongés au sol) : Mon dieu, merci de venir à notre secours, dites-nous ce que nous devons faire maintenant, nous sommes vos très dévoués serviteurs.

Sarah : Ne l'écoutez pas, elle ne parle que pour elle, nous, on reste allongés et c'est tout !

Pierrette *:* Et puis vous êtes qui d'abord ?

Dieu : Je suis l'auteur de cette pièce et je vous ai réservé d'autres belles aventures .... Allons, relevez-vous, votre heure n'est pas encore arrivée et j'ai besoin de vous pour la suite !

Pierrette *:* La suite ! Mais quelle suite ? Continuer à nous balader, à nous brinqueballer de droite et de gauche, en avant, en arrière ..... non, monsieur l'auteur, c'est fini, la pièce doit avoir une fin et c'est maintenant … en tout cas pour moi !

(Les acteurs se relèvent et s'en vont en lançant : « pour moi aussi ».*)*

Lucie (elle est restée à genou les mains réunies quand les autres partis elle se relève et sa voix change complètement de ton) : Bon, ben je vais pas rester là toute seule comme une conne, je ne peux tout de même pas continuer la pièce sans les autres ….. allez, kenavo, je me casse aussi !

FIN

Du même auteur

- **DVDP la Joconde** (polar artistique)
- **Ludmilla** (roman d aventures)
- **Un raout chez les ploutocrates** (pièce de théâtre)
- **Aux ailes bleues du vent** (poésies chansons mirlitons)
- **Métempsychose du bigorneau** (recueil de nouvelles)
- **Mel pot littéraire** (sketches humoristiques)
- **Yfig fait son cinéma** (scenarii de courts et longs métrages)
- **Les aventures extraordinaires de Tata Baluchon** (série télé)
- **Un psy peut en cacher un autre** (pièce de théâtre boulevard) - SACD
- **Meurtre parfait** - (pièce de théâtre - comédie satyrique)
- **Le fantôme du château de hurle aux loups** (pièce de théâtre ados)